Bluffez vos ENFANTS

Grégory
Cuilleron

Photographies de Guillaume Czerw
Stylisme de Sophie Dupuis-Gaulier

Collection dirigée par Brigitte Éveno

Bluffez vos ENFANTS

Grégory Cuilleron

MANGO

Sommaire

Côté salé

Sommaire

100%
FAIT
MAISON

Nous avons la chance de vivre dans un pays où la culture gastronomique et l'art du bien manger sont essentiels. Et pourtant, il est de plus en plus difficile de transmettre ces valeurs aux enfants. " Mange tes épinards, finis tes haricots verts, encore une cuillère, promis c'est la dernière... " Un véritable défi dans beaucoup de familles ! Il est primordial de manger sainement mais c'est souvent décourageant de lutter continuellement face aux envies de burger-frites, kebab, gratin de coquillettes ou sundae...

Et si on pouvait céder et leur faire plaisir tout en leur faisant manger des produits sains ? C'est le défi que je souhaite relever avec cet ouvrage : du ketchup, des nuggets ou des pizzas... Pourquoi pas ? Mais faits maison, avec des produits frais !

À travers ces 40 recettes, je vous propose des conseils et astuces pour que ces plats, que l'on a l'habitude d'acheter surgelés, en barquette, ou dans les fast-food, puissent être transformés et personnalisés. Faits maison, sans conservateur, sans matière grasse ajoutée et sans colorant, ils n'en seront que meilleurs.

Alors, bluffer vos enfants en leur préparant leurs plats culte tout en leur faisant découvrir de bons produits, mission impossible ? Peut-être pas...

Grégory Cuilleron

POUR 4 PERSONNES ★ PRÉPARATION : 15 MIN ★ CUISSON : 3 MIN + 15 MIN	
Pour les pop-corn • **50 g** *de maïs* • **2 cuil. à soupe** *d'huile* • **30 g** *de beurre* • **1 pincée** *de sel*	**Pour les chips** • **4** *pommes de terre* • **20 cl** *d'huile neutre*

Chips & pop corn maison

1. Préparez les pop corn. Faites chauffer l'huile dans une casserole. Quand elle est chaude, ajoutez les grains de maïs.

2. Quand le maïs commence à éclater, mettez le couvercle et laissez cuire 3 min en remuant la casserole.

3. Hors du feu, retirez le couvercle, ajoutez le beurre et le sel, mélangez bien et servez aussitôt.

4. Préparez les chips. Préchauffez le four à 160 °C (th. 5-6).

5. Épluchez les pommes de terre. À l'aide d'une mandoline, d'un robot ou d'un couteau, coupez les pommes de terre en fines tranches d'1 mm d'épaisseur.

6. Disposez-les sur un papier sulfurisé, huilez-les légèrement à l'aide d'un pinceau.

7. Enfournez pour 15 à 20 min, selon l'épaisseur de vos chips.

8. Salez vos chips dès la sortie du four.

LE PETIT +

Pour varier les plaisirs et jouer sur les couleurs, vous pouvez réaliser cette recette avec de la pomme de terre vitelotte, ou avec d'autres légumes comme des betteraves, des carottes ou encore avec des fruits comme des pommes ou des poires.

POP CORN

POUR ENVIRON 20 NEMS * PRÉPARATION : 20 MIN * CUISSON : 10 MIN * REPOS : 1 H 10

- **30** *galettes de riz*
- **250 g** *de porc haché maigre (filet mignon par exemple)*
- **6** *champignons chinois parfumés*
- **1 poignée** *de vermicelles de riz (cheveux d'ange)*
- **1** *oignon blanc*
- **1** *carotte*
- **1 poignée** *de germes de soja*
- **3** *œufs*
- **4 cuil. à soupe** *de nuoc-mâm*
- **2 gousses** *d'ail*

Pour la sauce

- **10 cuil. à soupe** *de nuoc-mâm*
- **1 jus** *de citron*
- **1 pointe** *de purée de piments*

Nems au porc et aux légumes

Avec ces nems, les enfants mangent des légumes plus facilement !

1. Préparez d'abord la farce : faites tremper les champignons parfumés dans de l'eau froide pendant 1 h (l'odeur peut vous paraître un peu forte mais ils donnent un goût extra à la farce).

2. Faites tremper les vermicelles dans de l'eau froide pendant 10 min.

3. Mélangez et mixez le porc, l'oignon, la carotte, les champignons, les vermicelles, les germes de soja et les œufs. Ajoutez un peu de poivre et le nuoc-mâm pour l'assaisonnement.

4. Montez ensuite les nems. Munissez-vous d'un torchon humidifié que vous étalerez sur un plan de travail et d'un saladier rempli d'eau tiède suffisamment grand pour contenir une galette de farine de riz entière. Humidifiez une feuille de galette de riz. Posez-la sur le torchon. Déposez en son axe (de manière centrée) mais vers le bas de la feuille une cuillère à soupe de farce.

5. Recouvrez la préparation avec la base de la feuille (la plus proche de vous), puis rabattez les deux côtés de la feuille de telle manière que celles-ci s'effleurent. Roulez à nouveau le nem jusqu'à la fin. Gardez les nems séparés les uns des autres sur un chiffon car ils sont très collants à ce stade !

6. Faites-les frire dans une poêle à feu moyen jusqu'à ce qu'ils soient bien dorés. Ajoutez les deux gousses d'ail dans l'huile de friture.

7. Servez les nems avec des feuilles de salade et de menthe.

ASTUCE RÉCUP

Il est possible de mettre n'importe quelle viande ou légumes dans les nems, très astucieux pour cuisiner vos restes !

POUR 6 PERSONNES * PRÉPARATION : 10 MIN * CUISSON : 10 MIN	
• **4** *saucisses (de type Strasbourg ou Francfort)* • **1** *rouleau de pâte feuilletée*	• **2 cuil. à soupe** *de moutarde à l'ancienne* • **1 cuil. à soupe** *de crème fraîche épaisse*

Petits feuilletés à la saucisse

Je suis un grand fan des saucisses cocktail ! Avec cette recette, j'ai trouvé une alternative tout aussi gourmande !

1. Préchauffez le four à 180 °C (th. 6).

2. Faites bouillir de l'eau. Plongez-y les saucisses puis éteignez directement le feu. Laissez cuire ainsi 10 min. Retirez les saucisses de l'eau et égouttez-les.

3. Étalez la pâte feuilletée. Dans un saladier, mélangez la moutarde à l'ancienne et la crème fraîche et répartissez ce mélange sur la pâte.

4. Découpez 4 rectangles de la longueur des saucisses. Posez celles-ci sur chaque rectangle puis enroulez-les dans la pâte.

5. Découpez des tronçons d'environ 2 cm de large, puis déposez vos feuilletés dans un plat ou sur un papier sulfurisé.

6. Enfournez pour environ 10 min.

VARIANTE

Remplacez la moutarde par du ketchup ou de la sauce barbecue maison.

POUR 4 PERSONNES * PRÉPARATION : 5 MIN * CUISSON : 2 MIN	
• **3 boules** *de mozzarella* • **100 g** *de farine* • **2** *œufs*	• **200 g** *de chapelure* • *Huile neutre*

Mozzarella sticks

1. Versez la farine, les œufs et la chapelure dans 3 bols distincts.

2. Débarrassez la mozzarella de son petit « lait » et découpez-la en bâtonnets.

3. Un à un, roulez les bâtonnets dans la farine, puis dans l'œuf, et enfin dans la chapelure.

4. Faites chauffer un fond d'huile dans une poêle et faites-y frire à feu vif les bâtonnets panés pendant quelques secondes.

5. Égouttez les bâtonnets sur un papier absorbant et servez-les bien chauds !

POUR 4 PERSONNES * PRÉPARATION : 10 MIN * CUISSON : 10 MIN

- **8 tranches** *de pain de mie*
- **8 portions** *de Vache qui rit® (peut être remplacée par du beurre)*
- **4 tranches** *de jambon blanc*
- **500 g** *de mozzarella*
- **Le zeste d'1** *citron jaune*

Pour la béchamel

- **100 g** *de beurre*
- **25 g** *de farine*
- **1 l** *de lait*
- **4 g** *de sel*
- *Poivre*

Croque-monsieur

1. Préchauffez le four à 200 °C (th. 6-7).

2. Préparez une béchamel consistante (voir recette p. 68).

3. Tartinez la face intérieure des tranches de pain de mie de Vache qui rit® et coupez en dés la mozzarella.

4. Dans un plat allant au four, disposez les tranches de pain de mie. Étalez dessus de la béchamel, puis une tranche de jambon blanc et la mozzarella en dés.

5. Ajoutez la dernière tranche de pain et tartinez-la de béchamel sur la face extérieure.

6. Montez les 4 croque-monsieur, et enfournez jusqu'à ce que le pain soit coloré.

VARIANTE

Faites des croque-monsieur pour le dessert avec de la pâte à tartiner maison (voir recette p. 80) et agrémentez éventuellement avec des bananes.

POUR 4 PERSONNES * PRÉPARATION : 15 MIN * CUISSON : 20 MIN

- **1** *beau chou-fleur*
- **20 g** *de beurre*
- **1** *oignon*
- **1 gousse** *d'ail*
- **25 cl** *de crème fraîche*
- **1** *blanc d'œuf*
- **1 tranche** *de jambon blanc*
- **25 cl** *de lait demi-écrémé*
- **100 g** *de gruyère râpé*

Gratin de chou-fleur trop bon

Et si le gratin de chou-fleur pouvait avoir un goût différent de celui de la cantine ? Le chou-fleur est très riche en vitamine C, alors faites-en profiter vos enfants !

1. Préchauffez le four à 180 °C (th. 6).

2. Faites cuire à la vapeur le chou-fleur coupé en morceaux.

3. Faites-le revenir dans une poêle avec le beurre, l'ail et l'oignon (cela donne plus de goût, mais si vous êtes pressés vous pouvez directement passer à l'étape suivante).

4. Mixez le tout avec la crème, le blanc d'œuf, le jambon et le lait.

5. Versez le tout dans un plat à gratin et saupoudrez de gruyère râpé.

6. Enfournez pour 20 min puis mettez le four en position gril pour faire gratiner votre plat.

LE PETIT +

Pour plus de couleur, faites un gratin de chou-fleur violet !

POUR 4 PERSONNES * PRÉPARATION : 30 MIN * CUISSON : 45 MIN * REPOS : 50 MIN

Pour les boulettes

- **300 g** *de bœuf haché cru*
- **100 g** *de chair à saucisse*
- **100 g** *de pain rassis*
- **25 cl** *de lait*
- **1** *œuf*
- **2 gousses** *d'ail*
- **1 cuil. à café** *de gingembre en poudre*
- **1 cuil. à soupe** *d'huile d'olive*

Pour la sauce tomate

- **1** *oignon blanc haché*
- **1 gousse** *d'ail haché*
- **1 kg** *de tomates mondées (ou 500 g de coulis de tomates nature)*
- **1 feuille** *de laurier*
- **1 branche** *de romarin*
- **1 morceau** *de sucre*

Boulettes de bœuf

1. Réalisez la sauce. Faites revenir l'oignon et l'ail sans coloration. Lorsque l'oignon est translucide, ajoutez les tomates coupées en dés. Ajoutez la garniture aromatique et faites cuire à feu doux.

2. Lorsque la sauce nappe bien la cuillère, ajoutez le morceau de sucre et éteignez le feu. Retirez le laurier et le romarin, et mixez. Réservez.

3. Réalisez les boulettes. Faites tremper le pain 30 min dans le lait. Pressez-le dans la main afin de le débarrasser du surplus de lait.

4. Préchauffez le four à 180 °C (th. 6). Mélangez tous les ingrédients. Formez 12 boulettes de taille égale avec cette farce et réservez 20 min au frais.

5. Déposez les boulettes ainsi formées dans un plat passant au four. Ajoutez 2 cm d'eau au fond du plat puis couvrez-le hermétiquement avec un papier d'aluminium. Enfournez pour 45 min.

6. Dressez sur assiette et nappez de sauce tomate, vous pouvez servir vos boulettes avec des pâtes.

LE PETIT +

Vous pouvez placer au cœur des boulettes un carré de gruyère afin d'obtenir à la découpe un cœur coulant.

ASTUCE RÉCUP

Si vous avez fait trop de boulettes, vous pouvez les mixer pour en faire un hachis parmentier ou une bolognaise.

POUR 4 PERSONNES * PRÉPARATION : 25 MIN * CUISSON : 30 MIN

- **350 g** *de macaroni*
- **1 l** *de lait demi-écrémé*
- **20 cl** *d'eau*
- 25 ~~**100**~~ **g** *de beurre*
- **25 g** *de farine*
- **125 g** *de gruyère râpé*
- *Noix muscade*
- *Sel, poivre*

Plat à gratin ovale

Gratin de macaroni

1. Préchauffez le four à 180 °C (th. 6).

2. Faites chauffer le lait et l'eau dans une casserole. Une fois à ébullition, salez et faites cuire les pâtes 8 min.

3. Retirez-les en prenant soin de garder le lait de cuisson afin de réaliser une béchamel : dans une casserole, faites fondre le beurre à feu doux. Ajoutez un peu de sel et la farine.

4. Mélangez à feu doux pour obtenir un mélange homogène, sans le faire colorer. Laissez cuire 3 min environ.

5. Hors du feu, versez le lait ~~froid~~, et fouettez vivement pour éviter la formation de grumeaux. Ajoutez la muscade et le poivre.

6. Remettez sur le feu et remuez avec une cuillère en bois, sans arrêter. Réalisez une béchamel plutôt liquide.

7. Mélangez les macaroni avec le fromage. Disposez-les dans un plat à gratin.

8. Versez dessus la béchamel, puis enfournez à four chaud pour une dizaine de minutes, le temps que la préparation gratine. (15 mn)

POUR 4 PERSONNES * PRÉPARATION : 25 MIN * CUISSON : 15 MIN * REPOS : 1 H

- **250 g** *de champignons de Paris*
- **1 gousse** *d'ail hachée*
- **1 cuil. à soupe** *d'huile neutre*
- **½ cuil. à café** *de thym ou de marjolaine*
- **250 g** *de fromage râpé (si possible du comté)*
- **4 tranches** *de jambon*
- **20 cl** *de béchamel*

Pour la pâte à crêpes

- **8** *œufs*
- **400 g** *de farine*
- **1 l** *de lait*
- **150 g** *de beurre*
- **2 cuil. à soupe** *d'eau*

Crêpes jambon fromage champignons

Un souvenir d'enfance de la Chandeleur car c'était l'une des spécialités de mon grand-père...

1. Préparez la pâte à crêpes : blanchissez les jaunes d'œufs (fouettez-les énergiquement au fouet dans un saladier). Ajoutez la farine et délayez avec le lait et l'eau.

2. Faites cuire le beurre jusqu'à ce qu'il ait une belle couleur noisette. Incorporez-le à la pâte et laissez reposer 1 h.

3. Nettoyez et émincez les champignons.

4. Faites revenir l'ail haché dans l'huile. Ajoutez les champignons et faites-les suer une dizaine de minutes à feu vif. Ajoutez le thym (ou la marjolaine). Assaisonnez.

5. Graissez une poêle à crêpes, déposez-y une louche de pâte et faites cuire la crêpe des deux côtés. Renouvelez l'opération jusqu'à l'épuisement de la pâte.

6. Sur chaque crêpe, déposez une poignée généreuse de fromage râpé. Déposez ensuite une tranche de jambon, puis une cuillère de béchamel et enfin des champignons de Paris.

7. Refermez et servez bien chaud !

LE PETIT +

Pour éviter les grumeaux, faites tiédir votre lait au micro-ondes avant de l'ajouter à votre préparation de pâte à crêpes.

Miam !

POUR 4 PERSONNES ✱ PRÉPARATION : 15 MIN ✱ CUISSON : 25 À 30 MIN

- **4 filets** *de volaille*
- **4 tranches** *de jambon blanc*
- **200 g** *d'emmental râpé*
- **1** *œuf*
- **100 g** *de farine*
- **200 g** *de chapelure*
- **2 cuil. à soupe** *d'huile de pépins de raisin*
- *Sel, poivre*

Cordon bleu, l'original

Plat culte des enfants, et si vous leur faisiez le véritable cordon bleu ?

1. Préchauffez le four à 160 °C (th. 5-6).

2. Incisez les filets de volaille en deux dans l'épaisseur, et ce sur toute la longueur (ouvrez-les en portefeuille). Assaisonnez l'intérieur de sel et de poivre.

3. Déposez dessus une tranche de jambon, puis le fromage râpé.

4. Refermez les cordons bleus, et maintenez-les fermés à l'aide de 3 ou 4 piques en bois.

5. Battez l'œuf et plongez dedans les cordons bleus.

6. Enlevez le surplus d'œuf, puis panez-les à l'anglaise : roulez-les dans la farine puis dans la chapelure.

7. Faites colorer les cordons bleus dans une poêle antiadhésive avec un peu de matière grasse.

8. Terminez la cuisson en les enfournant pour 20 à 25 min.

VARIANTE

Vous pouvez remplacer les filets de volaille par du veau et le jambon blanc par du jambon cru.

POUR 6 PERSONNES * PRÉPARATION : 20 MIN * CUISSON : 40 MIN * REPOS : 1 H

Pour la pâte brisée

- **250 g** *de farine*
- **125 g** *de beurre*
- **1** *œuf*
- *Sel, poivre*

Pour l'appareil à quiche

- **500 g** *de crème fraîche*
- **3** *œufs*
- **1 pointe** *de noix muscade*
- **250 g** *de lardons fumés*
- *Sel, poivre*

Quiche lorraine

1. Préparez d'abord la pâte brisée : mélangez la farine avec le beurre pommade. Ajoutez l'œuf, assaisonnez, puis laissez reposer au moins 1 h au frigo dans un film alimentaire.

2. Préchauffez le four à 180 °C (th. 6).

3. Mélangez la crème et les œufs. Ajoutez la noix muscade et assaisonnez (ne salez pas trop à cause des lardons).

4. Étalez la pâte à l'aide d'un rouleau à pâtisserie et piquez-la avec une fourchette. Déposez-la dans un moule à tarte beurré.

5. Répartissez harmonieusement sur la pâte les lardons encore crus.

6. Versez par-dessus la préparation à base de crème et d'œufs. Vous pouvez éventuellement ajouter un peu de fromage râpé sur le dessus.

7. Enfournez immédiatement pour environ 40 min de cuisson.

8. Laissez refroidir un peu, puis servez accompagné d'une salade verte par exemple.

VARIANTE

Vous pouvez remplacer les lardons par des dés de jambon à l'os. Le goût sera plus doux pour les enfants.

POUR 4 PERSONNES * PRÉPARATION : 15 MIN * CUISSON : 10 MIN * REPOS : 1 H À 24 H

- **4** *pitas*
- **4** *escalopes de veau*
- **1** *tomate*
- *Quelques feuilles de sucrine*
- **2** *oignons nouveaux*
- **1** *yaourt brassé non sucré*
- **1 cuil. à café** *d'huile de sésame*
- **1 dizaine** *de feuilles de menthe*

Pour la marinade

- **Le jus de 2** *citrons jaunes*
- **1 cuil. à café** *de quatre-épices*
- **1 cuil. à café** *de graines de coriandre*
- **½ cuil. à café** *de gingembre en poudre*
- **3 cuil. à soupe** *d'huile neutre*
- **1 feuille** *de laurier*

Kebab, le vrai de vrai

Contrairement aux idées reçues, le kebab a toujours été à base de veau et non d'agneau.

1. Mélangez tous les ingrédients de la marinade et trempez-y les escalopes de veau. Vous pouvez les laisser mariner entre 1 h et 24 h.

2. Pendant ce temps, coupez la tomate en rondelles, effeuillez la salade et émincez finement l'oignon.

3. Préparez la sauce en mélangeant le yaourt avec l'huile de sésame et les feuilles de menthe préalablement hachées.

4. Sortez les escalopes de la marinade. Faites-les revenir dans un peu d'huile à feu vif 5 min sur chaque face puis mettez de côté.

5. Émincez très finement le veau à l'aide d'un couteau.

6. Mélangez tous les ingrédients, garnissez-en les pitas et nappez d'une cuillère à soupe de sauce.

POUR 4 PERSONNES * PRÉPARATION : 30 MIN * CUISSON : 25 MIN * REPOS : 24 H

Pour la pâte
- **250 g** *de farine (type 55 de préférence)*
- **8 g** *de levure de boulanger*
- **2 cuil. à soupe** *d'huile d'olive*
- **5 cl** *d'eau*
- **5 cl** *de lait*
- **½ cuil. à café** *de sel*

Pour la sauce tomate
- **500 g** *de tomates mondées (ou 250 g de coulis de tomates nature)*
- *½ oignon blanc haché*
- **1 gousse** *d'ail haché*
- **1 feuille** *de laurier*
- **1 branche** *de romarin*
- **10 g** *de sucre*

Pour la garniture
- **1** *tomate*
- **3 boules** *de mozzarella*
- **2 tranches** *de jambon blanc*
- **3** *champignons de Paris*
- *Quelques feuilles de basilic*

Pizza regina

Si vous n'avez pas le courage de réaliser vous-même votre pâte à pizza, demandez à votre boulanger un pâton de baguette cru.

1. Commencez par réaliser la pâte (préparez-la 24 h à l'avance) : diluez la levure dans l'eau et mélangez tous les ingrédients. Pétrissez la pâte puis laissez-la lever toute la nuit à température ambiante sous un torchon humide.

2. Le matin même, pétrissez-la à nouveau et formez des pâtons de la taille d'une pelote de laine. Réservez-les sous un torchon humide jusqu'à leur utilisation.

3. Préchauffez le four à 240 °C (th. 8).

4. Réalisez ensuite le coulis. Dans une poêle, faites revenir l'oignon et l'ail sans coloration. Lorsque l'oignon est translucide, ajoutez les tomates coupées en dés. Ajoutez ensuite la garniture aromatique et laissez cuire à feu doux.

5. Lorsque la sauce nappe bien la cuillère, ajoutez le morceau de sucre et éteignez le feu. Retirez le laurier et le romarin et mixez.

6. Préparez enfin la garniture : découpez la tomate et la mozzarella en rondelles, et le jambon en morceaux. Émincez les champignons.

7. Montez la pizza et faites-la cuire 10 min environ. À la sortie du four, disposez quelques feuilles de basilic sur la pizza en guise de décoration.

VARIANTE

Vous pouvez remplacer la sauce tomate par une ratatouille mixée.

POUR 4 PERSONNES * PRÉPARATION : 15 MIN * CUISSON : 20 MIN

Pour le poisson pané
- **4 filets** *de colin*
- **1** *œuf battu*
- **200 g** *de farine*
- **250 g** *de chapelure*
- *Sel, poivre*

Pour la purée
- **500 g** *de brocoli*
- **125 g** *de beurre*
- **10 cl** *de lait*
- **1** *citron jaune*

Poisson pané purée verte

1. Préchauffez le four à 160 °C (th. 5-6). Versez dans 3 bols distincts la farine, l'œuf, et la chapelure.

2. Panez les filets de colin à l'anglaise, c'est-à-dire en les trempant successivement dans la farine, dans l'œuf battu, puis enfin dans la chapelure.

3. Faites-les revenir 2 min sur chaque face, puis terminez la cuisson 10 min au four. Salez avant de servir.

4. Pour la purée, faites cuire le brocoli débité en morceaux dans de l'eau bouillante très salée.

5. Lorsque la lame d'un couteau s'enfonce facilement dans la chair, égouttez, puis mixez avec le beurre et le lait. Rectifiez l'assaisonnement.

6. Servez avec le poisson pané agrémenté d'un peu de citron.

LE PETIT +

Une fois que vos brocolis sont cuits, plongez-les rapidement dans un saladier rempli d'eau et de glaçons pour conserver la couleur du légume.

POUR 4 PERSONNES (12 PIÈCES) * PRÉPARATION : 15 MIN * CUISSON : 15 MIN

- **12** galettes de tortilla de maïs du commerce ou faites maison (voir recette p. 51), de 15 cm de diamètre
- **500 g** de viande de bœuf haché
- **1** oignon rouge
- **4** tomates
- **1** gousse d'ail
- **½** citron vert
- **1** avocat
- **200 g** de cheddar râpé ou, à défaut, de gruyère râpé
- Sel, poivre
- Quelques gouttes de Tabasco®
- **½ cuil. à café** de piment doux en poudre
- **1 pointe** de cumin

Tacos avocat-bœuf

Au Mexique, les tacos font office de sandwichs et s'utilisent avec ou sans viande, et même avec du poisson.

1. Faites revenir la viande et la moitié de l'oignon dans un peu de matière grasse. Ajoutez les épices et laissez cuire à feu doux. Lorsque c'est prêt, maintenez au chaud.

2. Mixez à cru 2 tomates et la gousse d'ail avec le jus du 1/2 citron vert. Assaisonnez de sel et de poivre.

3. Découpez en dés les 2 tomates restantes, ainsi que l'avocat et le 1/2 oignon en lamelles.

4. Faites tiédir les galettes.

5. Déposez au milieu de la galette la viande. Garnissez de tomates, d'oignon et d'avocat. Ajoutez la sauce à base de tomates puis le fromage. Repliez en deux et dégustez !

LE PETIT +

N'hésitez pas vous aussi à créer votre propre tacos. À vous d'inventer les vôtres !

100%
Salt
Sal
Salz
Pepper
Pfeffer
Poivre

POUR 4 PERSONNES * PRÉPARATION : 15 MIN * CUISSON : 10 MIN

- **4** pains à hamburger (voir recette p. 69)
- **600 g** de viande hachée de bœuf
- **1** oignon rouge
- **2 cuil. à soupe** de sauce Worcestershire
- **4 feuilles** de salade
- **4 tranches** fines de comté
- **1 cuil. à soupe** de moutarde à l'ancienne
- **4 cuil. à soupe** de ketchup
- Sel, poivre

Hamburger meilleur qu'au fast-food

Pour manger plus sainement, vous n'êtes pas obligé de servir le hamburger avec des frites. Il se suffit souvent à lui-même.

1. Émincez l'oignon rouge et faites-le revenir dans un peu d'huile à feu doux. Lorsque celui-ci est translucide, retirez-le du feu et assaisonnez. Réservez.

2. Assaisonnez la viande hachée de sel et poivre, ainsi qu'avec la sauce Worcestershire.

3. Formez 4 boules identiques que vous aplatirez ensuite afin d'obtenir 4 steaks. Faites-les cuire à la poêle à votre convenance.

4. Pendant ce temps, faites toaster le pain 5 min à four chaud (180 °C, th. 6).

5. Avec la salade et le comté, montez ensuite le hamburger à votre goût !

LE PETIT +

Si vous avez des difficultés à faire tenir vos steaks, ajoutez un blanc d'œuf à votre préparation pour plus de consistance.

POUR 4 PERSONNES ✱ **PRÉPARATION : 10 MIN** ✱ **CUISSON : 15 MIN**

- **8** *pommes de terre nouvelles*
- **2 gousses** *d'ail*
- **3 cuil. à soupe** *de paprika doux*
- **2 cuil. à soupe** *de thym*
- **1 pointe** *de piment d'Espelette*
- *Huile neutre ou de friture*

Potatoes à tomber

1. Coupez chaque pomme de terre en huit dans le sens de la longueur en gardant bien la peau.

2. Hachez les gousses d'ail.

3. Mettez les pommes de terre et les épices dans un sac de congélation. Fermez-le hermétiquement et agitez-le pour que les pommes de terre s'imbibent bien du mélange.

4. Laissez cuire les potatoes pendant une dizaine de minutes à la friteuse (180 °C) ou dans une poêle avec de l'huile neutre.

5. Lorsqu'elles sont cuites, salez-les puis réservez-les sur du papier absorbant.

LE PETIT +

Pour apporter plus de croustillant, vous pouvez saupoudrer de la chapelure sur votre préparation.

Potatoes
PARTY

POUR 4 PERSONNES * PRÉPARATION : 30 MIN * CUISSON : 25 MIN	
• **4** pains à hot dog (maison (voir recette p. 69) ou du commerce) • **1 gros** oignon • **1 cuil. à soupe** de sucre roux • **1 cuil. à soupe** de vinaigre de cidre (ou à défaut, de vinaigre de vin rouge) • **100 g** d'emmental râpé • **2** cornichons aigres-doux • Ketchup • Moutarde	**Pour la knack maison** • **4 tranches** de jambon blanc découenné • **200 g** de lardons fumés • **1 cuil. à café** de concentré de tomates • **½ cuil. à café** de quatre-épices • **1 pointe** de cumin • **1 trait** de jus de citron • **2** blancs d'œufs • Sel, poivre

Hot dog avec une knack maison

1. Émincez l'oignon, faites-le revenir sans coloration dans une poêle antiadhésive avec 1 cuil. à soupe d'huile neutre (tournesol ou pépins de raisin).

2. Lorsque celui-ci devient translucide, ajoutez le sucre puis le vinaigre, et laissez cuire à feu doux 5 bonnes minutes. Réservez.

3. Réalisez la saucisse. Mettez tous les ingrédients dans le bol d'un mixeur et mixez très finement.

4. Réalisez un boudin de la forme d'une saucisse en déposant 4 cuil. à soupe de cette préparation sur un carré de film alimentaire pour cuisson que l'on roulera très serré en maintenant chacune des extrémités entre le pouce et l'index.

5. Une fois réalisées, déposez les 4 saucisses dans un cuiseur vapeur, une cocotte-minute non fermée, ou encore un couscoussier, et faites cuire une dizaine de minutes à la vapeur jusqu'à ce que le boudin soit ferme sous le doigt.

6. Retirez les saucisses du film alimentaire et formez les hot dogs à votre goût.

VARIANTE

Pour gagner du temps, vous pouvez remplacer la saucisse maison par une saucisse de Francfort de chez le boucher.

POUR 4 PERSONNES ✶ PRÉPARATION : 15 MIN ✶ CUISSON : 15 MIN

- **4 filets** de poulet
- **3 gousses** d'ail
- **1 feuille** de laurier
- **1 branche** de romarin
- **40 g** de beurre
- **12 tranches** de pain de mie (acheté chez le boulanger)
- **1** concombre
- **4** œufs durs
- **2** tomates
- Quelques feuilles de laitue

Pour la mayonnaise
- **1** jaune d'œuf
- **1 cuil. à soupe** de moutarde forte
- Curry
- Fleur de sel
- Poivre du moulin
- Huile

Club sandwich au poulet

Parce qu'il est important, même en vadrouille, de manger sainement.

1. Faites bouillir de l'eau dans une grande casserole avec l'ail, le laurier et le romarin. Lorsque l'eau bout fort, plongez-y les filets de poulet. Éteignez ensuite le feu. Lorsque l'eau est froide, le poulet est cuit ! Émincez ensuite le poulet en fines tranches.

2. Préchauffez le four à 160 °C (th. 5-6). Beurrez un côté de toutes les tranches de pain de mie (3 tranches par sandwich) puis faites-les toaster au four, côté beurré sur le dessus.

3. Épépinez le concombre et râpez-le. Coupez les tomates en petits dés.

4. Dans un saladier, préparez la mayonnaise : mettez un jaune d'œuf, 1 cuil. à soupe de moutarde forte, une pointe de curry, de la fleur de sel, et un peu de poivre du moulin. Ajoutez progressivement de l'huile tout en battant la préparation.

5. Coupez les œufs durs en petits morceaux. Mélangez-les à la moitié de la mayonnaise.

6. Récupérez le pain toasté refroidi. Sur une première tranche, étalez de la mayonnaise. Disposez quelques morceaux de poulet, des tomates et du concombre. Recouvrez par une tranche de pain. Déposez sur celle-ci un peu de salade d'œufs. Ajoutez quelques feuilles de salade et recouvrez par une dernière tranche de pain.

7. Disposez des piques aux quatre coins du sandwich. Ôtez la croûte du pain puis coupez les sandwichs en quatre triangles.

VARIANTE

Pour varier les saveurs, il est possible de remplacer le poulet par du saumon.

SUPER
SUPER

POUR 4 PERSONNES * PRÉPARATION : 15 MIN * CUISSON : 30 MIN

- **300 g** *de coquillettes*
- **20 g** *de beurre*
- **1** *endive*
- **8 tranches** *de jambon blanc*
- **1 l** *de béchamel (voir recette p. 68)*

Jambon coquillettes comme des endives au jambon

Revisitez ce plat de l'enfance par excellence !

1. Préchauffez le four à 180 °C (th. 6).

2. Plongez les pâtes dans une grande quantité d'eau bouillante salée et laissez-les cuire 8 min. Égouttez-les.

3. Dans une poêle antiadhésive, faites revenir dans le beurre l'endive débitée en petits morceaux. Au bout de 5 min, ajoutez les coquillettes, éteignez le feu et mélangez bien.

4. Déposez l'équivalent de 4 à 5 cuil. à soupe de cette préparation dans chacune des tranches de jambon, roulez celles-ci, puis déposez-les en rang dans un plat à gratin.

5. Recouvrez de béchamel, parsemez de gruyère râpé, puis enfournez pour 15 min. Mettez ensuite votre four en position gril et laissez dorer pendant 5 min.

6. C'est prêt !

VARIANTE

Vous pouvez varier les envies avec des cannellonis, en les fourrant avec la farce et en les recouvrant de béchamel et de gruyère râpé.

POUR 24 BOUCHÉES * PRÉPARATION : 20 MIN * CUISSON : 5 MIN

Pour les nuggets

- **4 filets** *de poulet débités en aiguillettes*
- **8 cuil. à soupe** *bombées de farine*
- **2** *œufs*
- **100 g** *de corn flakes non sucrés*
- *De l'huile pour friture*

Pour la sauce

- **1** *jaune d'œuf*
- **1 cuil. à soupe** *de miel*
- **½ cuil. à café** *de curry*
- **1 cuil. à café** *de moutarde à l'ancienne*
- **25 cl** *d'huile neutre*

Nuggets de poulet

L'utilisation de corn flakes pour paner le poulet permet d'avoir des nuggets façon fast food mais sains !

1. Réalisez la sauce. Mélangez l'œuf, le miel, le curry et la moutarde. Incorporez progressivement l'huile en battant au fouet comme pour une mayonnaise. Lorsque la texture est suffisamment épaisse, réservez au frais.

2. Mixez grossièrement les corn flakes.

3. Panez les morceaux de poulet à l'anglaise en les roulant d'abord dans la farine, puis dans le jaune d'œuf (en égouttant bien le superflu à chaque fois) et enfin dans les corn flakes.

4. Faites frire les nuggets dans un bain d'huile moyennement chaude (160 °C). Réservez sur un papier absorbant.

SUPER
naturel
nuggets

frais

POUR 4 PERSONNES * PRÉPARATION : 30 MIN * CUISSON : 20 MIN

Pour la tortilla
- **100 g** *de farine de blé*
- **200 g** *de farine de maïs (et non pas de fécule de maïs !)*
- **25 cl** *d'eau chaude*

Pour la garniture
- **4 filets** *de poulet*
- **1** *poivron rouge*
- **1** *oignon rouge*
- **1** *tomate (si possible green zebra)*
- **1** *avocat*
- *Huile d'olive*

Pour la sauce
- **3 cuil. à soupe** *de mayonnaise (voir recette p. 64)*
- **4 pointes** *de paprika doux*
- **2 pointes** *de quatre-épices*

Wraps de poulet

Le wrap est très en vogue depuis quelques années. N'hésitez pas à varier les plaisirs et à composer votre wrap préféré !

1. Préparez d'abord la pâte à tortilla : mélangez intimement les deux farines. Faites un puits et ajoutez progressivement l'eau chaude, puis mélangez avec une spatule en bois jusqu'à l'obtention d'une pâte épaisse. Pétrissez longuement après avoir renversé la pâte sur une surface farinée. Divisez la pâte en une dizaine de boules, et étendez chacune au rouleau en essayant de faire des crêpes les plus fines possible.

2. Faites cuire les tortillas dans une poêle antiadhésive, retournez-les quand elles commencent à gonfler. Réservez-les dans un torchon, dans un plat hermétiquement fermé.

3. Découpez le poulet en aiguillettes. Faites-le revenir dans une poêle anti-adhésive avec un trait d'huile d'olive.

4. Épépinez puis découpez en lamelles le poivron rouge. Ajoutez-le au poulet, et laissez cuire une dizaine de minutes à feu moyen. Lorsque c'est cuit, assaisonnez de sel et de poivre.

5. Découpez l'oignon, la tomate et l'avocat en lamelles.

6. Mélangez la mayonnaise et les épices, et tartinez-en les tortillas. Déposez dessus les légumes et le poulet. Roulez. C'est prêt !

POUR 4 PERSONNES * PRÉPARATION : 30 MIN * CUISSON : 20 MIN	
• **500 g** *de pommes de terre* • **300 g** *de carottes* • **125 g** *de farine* • **1** *jaune d'œuf*	• **25 g** *de parmesan* • *Cardamome* • *Curry*

Gnocchi à la carotte

Une manière astucieuse de faire manger des carottes aux enfants en leur donnant une apparence ludique.

1. Lavez les pommes de terre et les carottes et faites-les cuire à la vapeur avec la peau.

2. Passez les pommes de terre et les carottes épluchées au presse-purée et mettez la purée dans un saladier. Desséchez la pulpe en remuant énergiquement avec une spatule.

3. À chaud, mélangez la purée avec la farine, le jaune d'œuf et le parmesan. Ajoutez un peu de cardamome et de curry selon vos goûts.

4. Divisez la pâte ainsi obtenue en 4 pâtons, puis roulez chacun d'eux en boudin d'environ 2 cm de diamètre. Coupez chaque boudin en morceaux de 2 cm environ, puis roulez chaque morceau (aplatissez-les légèrement à l'aide d'une fourchette).

5. Dans une casserole, faites bouillir une grande quantité d'eau. Pochez les gnocchi jusqu'à ce qu'ils remontent à la surface.

6. Faites fondre un peu de beurre dans une poêle, et laissez les gnocchi colorer pendant quelques minutes.

VARIANTE

Vous pouvez réaliser ces gnocchi avec d'autres légumes tels que les épinards, les brocolis, etc.

POUR 6 PERSONNES * PRÉPARATION : 20 MIN * CUISSON : 30 MIN

- **600 g** *de viande de bœuf hachée*
- **1 kg** *de pommes de terre*
- **1** *oignon blanc*
- **2** *gousses d'ail*
- **1 cuil. à soupe** *d'huile neutre*
- **1 cuil. à café** *de concentré de tomates*
- **1 feuille** *de laurier*
- **1 branche** *de thym*
- **25 cl** *de lait*
- **125 g** *de beurre*
- **150 g** *de fromage râpé*
- *Sel, poivre*

Hachis parmentier

1. Faites revenir l'oignon, l'ail, et la viande dans l'huile. Ajoutez le concentré de tomates et les aromates. Laissez cuire à feu doux une dizaine de minutes.

2. Faites cuire les pommes de terre à la vapeur avec leur peau. Épluchez-les puis écrasez-les à l'aide d'un presse-purée ou d'une fourchette. Incorporez le lait et le beurre. Rectifiez l'assaisonnement.

3. Déposez la viande dans le fond d'un plat à gratin après avoir retiré le laurier et les branches de thym.

4. Déposez par-dessus la purée puis le gruyère râpé. Vous pouvez également dresser dans des ramequins individuels.

5. Faites gratiner le tout une dizaine de minutes sous le gril du four.

VARIANTE

Remplacez la pomme de terre par de la patate douce pour des saveurs exotiques, ou troquez la viande hachée contre du confit de canard...

POUR 6 PERSONNES * PRÉPARATION : 15 MIN * CUISSON : 30 MIN

- **1,2 kg** *de petits pois frais*
- **1 botte** *de carottes nouvelles*
- **500 g** *de petites pommes de terre nouvelles*
- **1 botte** *d'oignons nouveaux*
- **300 g** *de poitrine fumée sous forme de lardons*
- **50 g** *de beurre*
- **20 g** *de Maïzena®*

Jardinière de légumes de mon enfance

C'était l'un de mes plats préférés quand j'étais petit. Je suis resté un grand fan des petits pois frais, preuve que l'éveil du goût se fait dès le plus jeune âge.

1. Écossez les petits pois et taillez les carottes en petites rondelles. Faites de même pour les pommes de terre (les pommes de terre nouvelles ont la peau tellement fine qu'il suffit de les frotter sous l'eau pour les cuisiner sans les éplucher).

2. Faites revenir les oignons et les lardons dans une casserole à fond épais, ajoutez les carottes, les pommes de terre et le beurre. Salez et poivrez.

3. Faites rissoler le tout 3 à 5 min en mélangeant. Ajoutez les petits pois.

4. Recouvrez les légumes d'eau avec un bouillon cube de volaille ou de légumes. Laissez cuire à feu doux en couvrant pendant 20 à 25 min.

LE PETIT +

Pour varier les saveurs, vous pouvez prendre de l'huile de citron, de l'huile de truffe ou encore de l'huile de sésame.

POUR 4 PERSONNES * PRÉPARATION : 20 MIN * CUISSON : 20 À 25 MIN * REPOS : 1 NUIT

Pour les ailes de poulet

- **1** *tomate*
- **1 cuil. à soupe** *de concentré de tomates*
- **1 cuil. à soupe** *de sauce Worcestershire*
- **2 cuil. à soupe** *d'huile neutre*
- **½** *oignon rouge*
- **1 gousse** *d'ail*
- **1 cuil. à soupe** *d'origan ou de marjolaine*
- *Quelques gouttes de Tabasco®*
- **2 cuil. à soupe** *de sucre roux*
- **12** *ailes ou pilons de poulet*
- *Sel, poivre*

Pour la sauce barbecue

- **12** *tomates*
- **3 gousses** *d'ail*
- **1** *oignon blanc*
- **20 cl** *de cola*
- **1 cuil. à soupe** *de sauce soja*
- **1 cuil. à café** *de gingembre*
- **½** *oignon blanc piqué de clous de girofle*
- **3 cuil. à soupe** *de sauce Worcestershire*
- **3 cuil. à soupe** *de vinaigre de Xérès*
- **1** *bouquet garni (thym + laurier)*

Chicken wings

1. La veille, préparez la sauce barbecue comme indiqué p. 66.

2. Mixez la tomate avec l'huile, l'oignon, l'ail, l'origan, la sauce soja, la sauce worcestershire, le Tabasco® et le sucre. Salez et poivrez.

3. Versez ce mélange dans un grand sac congélation et ajoutez les ailes de poulet. Secouez le sac afin de répartir la marinade. Réservez au réfrigérateur.

4. Disposez les ailes dans un plat puis enfournez à four chaud (210 °C, th. 7). Laissez cuire 10 min sur une face, puis retournez et cuisez à nouveau 10 à 15 min.

LE PETIT +

Privilégiez toujours les cuissons au four qui permettent de manger plus sainement et moins gras. Vous pouvez également les cuire au barbecue.

POUR 4 PERSONNES * PRÉPARATION : 15 MIN * CUISSON : 35 MIN

- **8** *godiveaux*
- **800 g** *de pommes de terre*
- **200 g** *de beurre doux*
- **20 cl** *de lait*
- **1** *oignon*
- **25 cl** *de bouillon de volaille*
- **½ cuil. à café** *de sucre*
- **1 cuil. à soupe** *de moutarde*

Saucisse purée

Il y a une énorme différence entre la purée maison et celle en sachet. N'hésitez pas à la faire, vous serez vraiment surpris, et en plus.... c'est facile !

1. Réalisez d'abord la purée. Faites cuire les pommes de terre à l'eau ou à la vapeur (avec leur peau).

2. Une fois cuites, épluchez-les et adjoignez-y le beurre coupé en dés et le lait.

3. Écrasez à l'aide d'un presse-purée ou d'une fourchette et rectifiez l'assaisonnement.

4. Préparez les saucisses : découpez les godiveaux en tronçons de 2 cm.

5. Faites-les revenir dans une poêle anti-adhésive avec l'oignon émincé. Lorsqu'ils sont colorés, salez puis ajoutez le bouillon de volaille et le sucre. Laissez cuire 10 min à frémissement.

6. Ajoutez la moutarde et mélangez bien afin d'obtenir une liaison, puis laissez cuire à nouveau 3 à 4 min. C'est prêt !

LE PETIT +

Si vos enfants n'aiment pas les morceaux dans la purée, vous pouvez passer la purée au tamis pour qu'elle soit plus lisse.

POUR 6 PERSONNES ✶ PRÉPARATION : 30 MIN ✶ CUISSON : 1 H

- **500 g** *de pâtes à lasagnes sans pré-cuisson*
- **600 g** *de viande de bœuf hachée*
- **1** *oignon blanc*
- **2 gousses** *d'ail hachées*
- **1** *petite boîte de concentré de tomates*
- **20 g** *de coulis de tomates*
- **1 feuille** *de laurier*
- **1 branche** *de romarin*
- **125 g** *de parmesan râpé*

Pour la béchamel

- **1 l** *de lait*
- **1 grosse cuil. à soupe** *de beurre*
- **2 cuil. à soupe** *de farine*

Lasagnes fondantes

1. Faites cuire le bœuf haché, l'oignon ciselé et les deux gousses d'ail hachées dans une casserole avec un peu d'huile d'olive. Salez et poivrez.

2. Émiettez le bœuf et ajoutez le concentré de tomates. Mouillez avec environ les 2/3 d'un verre d'eau, puis rajoutez le coulis de tomates et la garniture aromatique. Salez légèrement.

3. Faites la béchamel comme indiqué dans la recette de la p. 68.

4. Mélangez la moitié de la béchamel avec la bolognaise.

5. Préchauffez le four à 200 °C (th. 6-7). Beurrez le fond et les côtés d'un plat à gratin rectangulaire ou carré (environ 30 x 25 cm) avec de la margarine.

6. Disposez dans le plat les couches dans l'ordre suivant : l'appareil à lasagnes, une couche de pâte, l'appareil à lasagnes, une couche de pâte… jusqu'à l'épuisement de l'appareil.

7. Terminez par une couche de pâte recouverte de béchamel et de parmesan râpé.

8. Enfournez à mi-hauteur et laissez cuire selon le temps indiqué sur le paquet de lasagnes (si le temps n'est pas indiqué, comptez environ 30 à 40 min).

LE PETIT +

Vous pouvez rajouter une couche de pesto pour apporter de la couleur et des saveurs provençales.

PRÉPARATION : 15 MIN

- **1** jaune d'œuf
- **1 cuil. à soupe** de moutarde forte
- **25 cl** d'huile neutre
- Fleur de sel
- Poivre

Mayonnaise

1. Mettez le jaune d'œuf, la moutarde, la fleur de sel, et un peu de poivre du moulin dans un saladier.

2. Fouettez en ajoutant l'huile progressivement.

LE PETIT +

Pour gagner du temps, battez les ingrédients avec un batteur électrique.

PRÉPARATION : 5 MIN

- **4 cuil. à soupe** de vinaigre balsamique
- **1 pointe** de curry
- **½ cuil. à café** de miel
- **8 cuil. à soupe** d'huile de pépins de raisin
- **1 pincée** de sel
- Poivre

Vinaigrette douce

Parce qu'elle accompagne toutes vos crudités, redécouvrez et embellissez vos recettes avec cette vinaigrette.

1. À l'aide d'un fouet, mélangez le vinaigre balsamique, le sel, le poivre, le miel, et le curry intimement.

2. Monter en incorporant progressivement l'huile tout en continuant à fouetter.

LE PETIT +

Pour plus de consistance, vous pouvez ajouter un œuf battu.

vinaigr
TARDE au
pique pas
fait mais
KILNER

PRÉPARATION : 15 MIN * CUISSON : 20 MIN * REPOS : 1 NUIT

- **12** *tomates*
- **3 gousses** *d'ail*
- **1** *oignon blanc*
- **20 cl** *de cola*
- **1 cuil. à soupe** *de sauce soja*
- **1 cuil. à café** *de gingembre*
- **½** *oignon blanc piqué de clous de girofle*
- **3 cuil. à soupe** *de sauce Worcestershire*
- **3 cuil. à soupe** *de vinaigre de Xérès*
- **1** *bouquet garni (thym + laurier)*

Sauce barbecue maison

1. Après les avoir incisées d'une croix, plongez les tomates 1 min dans l'eau bouillante afin de les monder (éplucher).

2. Laissez-les refroidir, puis épépinez-les afin de n'en garder que la chair, et découpez-les en cubes.

3. Hachez finement l'ail et l'oignon.

4. Mélangez tous les ingrédients dans un saladier, assaisonnez de sel et de poivre.

5. Couvrez hermétiquement à l'aide d'un film étirable, puis laissez mariner une nuit au frigo.

6. Le lendemain, retirez l'oignon piqué de clous de girofle, et versez le reste de la préparation dans une casserole.

7. Portez à ébullition puis laissez frémir pendant 20 min.

8. Mixez le tout et conservez la sauce dans un bocal au frais jusqu'à son utilisation.

ASTUCE RÉCUP'

Vous pouvez conserver vos peaux d'oignons pour d'autres recettes, elles vous permettront d'ajouter un goût fumé à vos plats ou de parfumer vos bouillons.

PRÉPARATION : 20 MIN ✶ CUISSON : 50 MIN

- **1 kg** *de tomates concassées*
- **1** *oignon*
- **8 gousses** *d'ail*
- **6 cuil. à soupe** *d'huile*
- **6 feuilles** *de laurier*
- **180 g** *de sucre*
- **25 cl** *de vinaigre de vin rouge*
- **2 cuil. à soupe** *de sauce anglaise*
- **1 cuil. à café** *de gingembre en poudre*
- **5 g** *de sel (2 pincées environ)*

Ketchup maison

1. Pelez et hachez l'oignon, et écrasez les gousses d'ail. Faites-les revenir dans l'huile jusqu'à ce que l'oignon soit translucide.

2. Enlevez le surplus de gras, puis ajoutez les tomates concassées et le laurier. Laissez cuire 30 min à frémissements.

3. Réalisez un caramel avec le sucre. Lorsque celui-ci a une belle couleur blonde, déglacez-le avec 20 cl de vinaigre. Faites réduire d'un tiers la gastrique ainsi obtenue.

4. Assaisonnez la sauce tomates, et retirez les feuilles de laurier.

5. Mélangez le coulis de tomates avec le sirop, la sauce anglaise, le gingembre et le surplus de vinaigre. Laissez refroidir, puis rectifiez l'assaisonnement.

ASTUCE

Vous pouvez conserver ce ketchup trois semaines au réfrigérateur.

POUR 1 L DE SAUCE * **PRÉPARATION : 10 MIN** * **CUISSON : 10 MIN**

- **100 g** *de beurre*
- **4 g** *de sel (2 pincées environ)*
- **25 g** *de farine*
- **1 l** *de lait demi-écrémé ou entier*
- **0,5 g** *de poivre (1 pincée)*
- *Noix muscade*

Sauce Béchamel

1. Dans une casserole, faites fondre le beurre à feu doux. Ajoutez le sel et la farine.

2. Mélangez à feu doux pour obtenir un appareil homogène, sans laisser colorer. Laissez cuire 3 min environ.

3. Hors du feu, versez le lait froid, fouettez vivement pour éviter la formation de grumeaux. Ajoutez la muscade et le poivre.

4. Remettez sur le feu et remuez avec une cuillère en bois sans arrêter pour empêcher la formation d'une peau à la surface de la sauce. Continuez jusqu'à l'obtention de la texture souhaitée (la texture idéale étant quand la préparation nappe la cuillère).

LE PETIT +

Vous pouvez varier votre sauce Béchamel en y incluant du fromage tel que du gruyère, du roquefort ou du comté pour lui donner un petit goût en plus.

POUR 4 PAINS ✶ PRÉPARATION : 20 MIN ✶ CUISSON : 15 MIN ✶ REPOS : 1 H 15

- **360 g** *de farine blanche type 55 ou bio si vous voulez donner un autre goût à vos pains*
- **200 ml** *de lait*
- **10 g** *de levure de boulanger*
- **15 g** *de sucre en poudre*
- **2 g** *de sel*
- **2 cuil. à café** *de jus de citron*
- **20 g** *de beurre ramolli*
- *Graines de tournesol, pavot ou sésame à votre convenance*

Pains à hamburger ou à hot-dog

1. Dans un saladier, mélangez la farine avec le lait tiède (faites-le chauffer dans une casserole sur le feu doux ou au micro-ondes). Ajoutez ensuite la levure, le sucre, le sel, le citron et le beurre.

2. Après avoir mélangé pendant 5 min, regardez si la pâte se décolle facilement des bords du saladier et des doigts. Laissez reposer votre pâte dans le saladier pendant 30 min.

3. Chassez le gaz de la pâte puis divisez-la en boules de 150 g chacune. Pour des hot-dogs, réalisez une forme plus allongée. Laissez reposer encore 30 min.

4. Une fois ce temps écoulé, préchauffez le four à 210 °C (th. 7) pendant 15 min, en laissant les pains au repos.

5. Recouvrez la plaque de cuisson du four de papier sulfurisé. Si vous le souhaitez, ajoutez sur les pains des graines de sésame, de pavot ou de tournesol.

6. Placez de l'eau dans une plaque de cuisson incurvée dans le four. Faites cuire 15 min les pains, si possible à chaleur tournante.

7. Une fois les pains dorés, ils sont prêts.

LE PETIT +

Pour des pains colorés, vous pouvez ajouter du jus de carotte ou de betterave, du basilic ou encore de l'encre de seiche.

ASTUCE

Pour que vos petits pains gonflent bien, lors du repos recouvrez-les si possible d'un torchon humide.

POUR 4 PERSONNES ✱ PRÉPARATION : 10 MIN ✱ CUISSON : 10 MIN	
• **½ l** *de glace vanille* • **4 cuil. à soupe** *de noisettes ou de cacahuètes*	**Pour le caramel** • **1 cuil. à soupe** *de miel* • **250 g** *de sucre* • **30 g** *de beurre* • **50 cl** *de crème liquide*

Sundae maison

1. Faites torréfier à sec les noisettes ou les cacahuètes dans une poêle antiadhésive.

2. Réalisez le caramel : faites blondir le miel avec le sucre. Ajoutez ensuite le beurre et la crème, et remuez régulièrement.

3. Si la glace est très dure, vous pouvez la passer rapidement au mixeur.

4. Mettez la glace dans un bol, puis versez dessus le caramel.

5. Enfin, saupoudrez de noisettes ou de cacahuètes torréfiées.

LE PETIT +

Pour les amateurs de chocolat, vous pouvez remplacer le caramel par du chocolat fondu.

POUR 8 PERSONNES ✱ PRÉPARATION : 20 MIN ✱ CUISSON : 10 MIN	
• **80 g** de beurre • **1 paquet** de de marshmallows (environ 300 g) • **100 g** de riz soufflé Rice Krispies®	• **100 g** de chocolat • **10 cl** de lait demi-écrémé • **1 sachet** de sucre vanillé

Carrés au riz soufflé

Merci Denise, ma marraine américaine, pour avoir partagé cette recette avec moi.

1. Dans une grande casserole antiadhésive, faites fondre 55 g de beurre.

2. Incorporez les marshmallows et mélangez avec une spatule jusqu'à ce qu'ils soient totalement fondus.

3. Ajoutez le riz soufflé et mélangez bien.

4. Versez le tout dans un plat à gratin rectangulaire tapissé de papier cuisson ou huilé. Laissez refroidir puis coupez en carrés.

5. Dans une casserole, faites fondre le chocolat avec le lait, le sucre vanillé et 25 g de beurre.

6. Lorsque tout est bien fondu, versez le mélange sur les carrés préalablement disposés et espacés sur une grille huilée. Laissez refroidir. C'est prêt !

LE PETIT +

N'hésitez pas à découper des petits carrés ! Cette recette fait office de véritable gourmandise pour les enfants et se conserve très bien au réfrigérateur.

POUR 6 PERSONNES * PRÉPARATION : 15 MIN * CUISSON : 30 MIN

- **150 g** de chocolat 55 %
- **125 g** de beurre
- **1 gousse** de vanille
- **2** œufs
- **180 g** de sucre
- **65 g** de farine
- **1 cuil. à soupe** de cacao en poudre
- **60 g** de poudre de noisettes
- **125 g** de noisettes entières ou concassées

Brownie choco-noisettes

1. Préchauffez le four à 160 °C (th. 5-6).

2. Cassez le chocolat en morceaux dans une casserole. Ajoutez le beurre et laissez fondre à feu doux.

3. Fendez en deux la gousse de vanille et récupérez les graines à l'aide de la pointe d'un couteau. Dans un saladier, faites blanchir les œufs avec le sucre et ajoutez les graines de vanille. Une fois que le mélange est homogène, ajoutez le chocolat.

4. Incorporez ensuite peu à peu la farine, le cacao et la poudre de noisettes. Mélangez avant d'ajouter les noisettes concassées.

5. Beurrez et farinez un moule, puis versez-y l'appareil à brownie.

6. Enfournez pour environ 30 min.

LE PETIT +

Pour faire baisser le taux de sucre, vous pouvez le remplacer par du miel, ou du sirop d'agave. Et si vous trouvez des noix de macadamia, n'hésitez pas, c'est encore meilleur !

PRÉPARATION : 25 MIN ✶ CUISSON : 6 MIN ✶ REPOS : 12 H

- **5 feuilles** *de gélatine de 2 g*
- **½ cuil. à café** *d'huile végétale*
- **1** *blanc d'œuf à température ambiante*
- **1 pincée** *de sel*
- **265 g** *de sucre*
- **7,5 cl** *d'eau*
- **½ cuil. à soupe** *de miel liquide*
- *Quelques gouttes de colorant alimentaire*
- **4 cuil. à soupe** *de sucre glace*
- **3 cuil. à soupe** *de fleur d'oranger (ou de l'arôme de votre choix)*

Guimauve miam-miam

1. Dans un bol d'eau froide, faites ramollir les feuilles de gélatine.

2. À l'aide d'un pinceau, huilez des moules en forme de cœur puis chemisez-les de film alimentaire huilé également. Réservez à température ambiante.

3. Montez le blanc en neige en ajoutant une pincée de sel. Lorsqu'il est bien ferme, ajoutez 15 g de sucre tout en continuant de battre. Réservez à température ambiante.

4. Dans une casserole, préparez le sirop de sucre en mélangeant le sucre restant, l'eau et le miel. Faite cuire jusqu'à ce que la température atteigne 110 °C (soit environ 5 à 6 min de cuisson).

5. Essorez la gélatine et incorporez-la hors du feu au sirop. Mélangez bien à l'aide d'une spatule en bois jusqu'à parfaite dissolution. Ajoutez l'arôme de votre choix.

6. Versez progressivement le sirop de sucre sur le blanc en neige tout en fouettant à l'aide d'un batteur électrique jusqu'au refroidissement de la pâte obtenue. Ajoutez le colorant alimentaire.

7. Versez la guimauve dans les moules chemisés et saupoudrez de sucre glace. Laissez reposer 12 h avant de démouler.

VARIANTE

Vous pouvez découper vos guimauves pour en faire des marshmallows et les faire griller sur le feu. Trempez-les ensuite dans des noisettes concassées, puis dans du sucre pétillant pour un effet bonbon ou sucette.

POUR 6 PERSONNES * PRÉPARATION : 25 MIN * CUISSON : 5 MIN * REPOS : 2 H

- **200 g** *de chocolat (noir 70 %)*
- **6** *œufs*
- **40 g** *de sucre blanc*
- **1** *pincée de sel*

Mousse au chocolat surprise

1. Faites fondre le chocolat au bain-marie.

2. Séparez les blancs des jaunes d'œufs. Ajoutez une pincée de sel et montez-les en neige jusqu'à ce qu'ils soient bien fermes.

3. Blanchissez les jaunes d'œufs avec le sucre en les fouettant.

4. Ajoutez le chocolat fondu aux jaunes d'œufs. Mélangez bien puis incorporez délicatement les blancs en neige à l'aide d'une maryse.

5. Remplissez la moitié des ramequins avec la moitié de cette préparation. Réservez au frais.

6. Préparez ensuite le caramel (voir recette p. 71).

7. Récupérez les ramequins laissés au frais. Faites un trou au milieu de la mousse et incorporez-y du caramel. Recouvrez du reste de la mousse. Laissez reposer au frais pendant au moins 2h.

POUR 1 POT ✱ PRÉPARATION : 15 MIN ✱ CUISSON : 3 MIN + 15 MIN	
• **300 g** *de noisettes* • **125 g** *de chocolat de nappage* • **350 g** *de praliné* • **125 g** *de sucre*	• **30 cl** *de lait* • **40 g** *de lait en poudre* • **50 g** *de beurre* • **40 g** *de cacao poudre*

Pâte à tartiner maison

Revisitez la pâte à tartiner, vous ne pourrez plus vous en passer !

1. Commencez par mixer les noisettes très finement.

2. Faites fondre le chocolat dans le lait au bain-marie. Une fois le chocolat fondu, ajoutez le beurre, le sucre, le lait en poudre, le cacao, le praliné et les noisettes.

3. Remuez doucement à l'aide d'une cuillère en bois jusqu'à l'obtention d'une pâte homogène.

4. Mettez en pot et laissez refroidir.

LE PETIT +

Conservez votre pâte à tartiner au réfrigérateur.

POUR 6 PERSONNES * PRÉPARATION : 15 MIN * CUISSON : 3 MIN + 15 MIN

- **2 œufs**
- **100 g** *de sucre*
- **1 sachet** *de sucre vanillé*
- **30 g** *de farine de maïs fine (pas de la Maïzena® !)*
- **120 ml** *d'huile de maïs ou de tournesol (ou 60 g de beurre fondu légèrement noisette, c'est meilleur !)*
- **380 g** *de farine de blé*
- **1 sachet** *de levure*
- **1 pincée** *de sel*
- **½ l** *de lait*

Pancakes super moelleux

1. Battez les œufs dans un saladier avec le sucre et le sucre vanillé.

2. Ajoutez la farine de maïs fine, puis l'huile.

3. Mêlez ensemble la farine, la levure et le sel. Ajoutez-les à la préparation aux œufs ainsi que le lait en alternant (si on met toute la farine d'un coup, c'est trop épais et donc difficile).

4. Travaillez la pâte jusqu'à ce qu'elle soit bien homogène. Entreposez-la au réfrigérateur et attendez patiemment le lendemain matin…

5. Confectionnez les pancakes (environ 10 cm de diamètre) dans une poêle huilée et bien chaude.

LE PETIT +

Pour plus de fraîcheur, accompagnez vos pancakes de fruits de saison.

POUR 20 COOKIES * PRÉPARATION : 15 MIN * CUISSON : 6 À 8 MIN

- **150 g** *de flocons d'avoine*
- **125 g** *de beurre mou*
- **125 g** *de sucre blanc*
- **1** *œuf*
- **½ cuil. à café** *d'extrait de vanille*
- **125 g** *de cassonade*
- **250 g** *de farine*
- **½ sachet** *de levure chimique*
- **½ cuil. à café** *de sel*
- **1 cuil. à café** *de bicarbonate de soude*
- **125 g** *de pépites de chocolat*
- **125 g** *de chocolat au lait (râpé)*
- **125 g** *de noix concassées*

Véritables cookies américains

1. Préchauffez le four à 200 °C (th. 6-7).

2. Mixez les flocons d'avoine en très fine poudre.

3. Dans un grand saladier, mélangez le beurre et les sucres. Ajoutez l'œuf battu, puis la vanille.

4. Dans un saladier séparé, mélangez intimement toutes les poudres.

5. Incorporez-les au beurre et au sucre. Ajoutez le reste des ingrédients : les pépites de chocolat, le chocolat râpé et les noix.

6. Sur un papier sulfurisé, formez des petites boules de la contenance d'une cuillère à café espacées d'une dizaine de cm les unes des autres.

7. Enfournez pour 6 à 8 min. C'est prêt !

71
SCHOOL BUS
YOU MAKE

POUR 6 PERSONNES * PRÉPARATION : 20 MIN * CUISSON : 15 MIN * REPOS : 2 H

- **20 g** *de graines de lin*
- **50 g** *de noisettes*
- **3 cuil. à soupe** *de sucre roux*
- **150 g** *de beurre demi-sel*
- **120 g** *de miel*
- **75 g** *de pistaches*
- **100 g** *d'abricots secs*
- **250 g** *de flocons d'avoine*

Barres de céréales

Pour un petit encas à emporter et éviter les habituels gâteaux industriels !

1. Faites torréfier à sec les graines de lin et les noisettes dans une poêle antiadhésive.

2. Dans une casserole, faites fondre à feu moyen le sucre, le beurre et le miel. Laissez frémir une dizaine de minutes, pour obtenir un sirop de sucre suffisamment épais.

3. Mélangez les flocons, les graines, les noisettes, les pistaches et les abricots débités en petits cubes, puis incorporez le sirop de sucre. Mélangez soigneusement.

4. Étalez la préparation dans un plat sur une hauteur de 1 cm environ.

5. Laissez durcir 2 h au réfrigérateur.

6. Coupez en rectangles.

VARIANTE

Si vos enfants sont réticents aux fruits secs, vous pouvez les remplacer par des pommes séchées au four, ou encore des morceaux de chocolat.

POUR 6 PERSONNES * PRÉPARATION : 10 MIN * CUISSON : 5 MIN

- **1** *œuf*
- **125 g** *de farine*
- **½ paquet** *de levure chimique*
- **150 ml** *de lait*
- *Sucre glace, cannelle, sucre cristal...*
- **1 pincée** *de sel*
- *Huile de friture*

Beignets à tomber

1. Versez l'huile de friture dans une poêle à bord haut ou dans une friteuse.

2. Cassez l'œuf et séparez le blanc du jaune. Montez le blanc en neige ferme avec une pincée de sel.

3. Mélangez ensemble la farine et la levure. Ajoutez le jaune d'œuf, le lait puis le blanc en neige.

4. Lorsque l'huile a atteint 180 °C, trempez-y de petites boules de pâte et laissez dorer quelques minutes.

5. Égouttez-les sur du papier absorbant, saupoudrez de sucre glace, de cannelle ou de sucre cristal...

POUR 4 PERSONNES * PRÉPARATION : 5 MIN	
• **400 g** *de fruits frais de saison* • **0,5 l** *de lait*	• **4 boules** *de glace vanille* • **4 cuil. à soupe** *de miel toutes fleurs*

Milkshake aux fruits

1. Épluchez les fruits et coupez-les en morceaux.

2. Mettez tous les fruits dans le blender. Ajoutez ensuite le lait, puis les boules de glace à la vanille et le miel.

3. Mixez intimement.

4. Servez dans un grand verre avec une paille.

LE PETIT +

Accordez le fruit avec le parfum de la glace, prenez par exemple une glace à la fraise avec des fraises fraîches.

B

C

G

H

J

K

L

M

N

P

Q

S

T

V

W

Mesures liquides

Système métrique	Système américain	Autre nom
5 ml	1 cuillère à thé (cuillère à café française)	
15 ml	1 cuillère à table (cuillère à soupe française)	
35 ml	1/8 cup (tasse française)	1 oz (ou once)
65 ml	1/4 cup ou 1/4 grand verre	2 oz
125 ml	1/2 cup ou 1/2 grand verre	4 oz
250 ml	1 cup ou 1 grand verre	8 oz
500 ml	2 cups ou 1 pinte	
1 litre	4 cups ou 2 pintes	

Mesures solides

Système métrique	Système américain	Autre nom
30 g		1/8 oz
55 g	1/8 lbs	2 oz
115 g	1/4 lbs	4 oz
170 g	3/8 lbs	6 oz
225 g	1/2 lbs	8 oz
454 g	1 livre	16 oz

Chaleur du four

Chaleur	Celsius	Thermostat	Fahrenheit
Très doux	70 °C	Th. 2-3	150° F
Doux	100 °C 120 °C	Th. 3-4 Th. 4	200° F 250° F
Moyen	150 °C 180 °C	Th. 5 Th. 6	300° F 350° F
Chaud	200 °C 230 °C	Th. 6-7 Th. 7-8	400° F 450° F

Les ateliers « Toque Chef »

Elior a construit un véritable partenariat avec Grégory Cuilleron pour l'animation de ses ateliers « Toque Chef » dans les écoles. Une belle opportunité pour les écoliers et collégiens de découvrir sous un autre jour des produits peu connus et d'apprendre à les cuisiner en réalisant des recettes avec Grégory.

Ces ateliers culinaires illustrent la volonté d'Elior Restauration Enseignement de donner le goût d'une alimentation saine et d'éveiller les papilles des enfants et adolescents.
Cette démarche s'inscrit parfaitement dans les engagements de responsabilité sociétale d'Elior en faveur de la sensibilisation des plus jeunes au monde du handicap.

Donner le goût d'une alimentation saine

Chaque jour, Elior Restauration Enseignement propose des solutions de restauration adaptées aux besoins de chacun. L'équilibre nutritionnel, la qualité gustative et le respect de l'environnement sont au cœur de nos exigences, pour proposer des repas bons, beaux et sains dans les restaurants scolaires.

Grâce à ses 6900 collaborateurs, Elior Restauration Enseignement :

* contribue chaque jour à la bonne santé de 900 000 élèves ;
* imagine des restaurants adaptés à chaque âge ;
* offre des moments de bien-être aux élèves ;
* partage les valeurs et les enjeux de ses 2000 clients partenaires.

Un monde d'attentions elior

Conception graphique et réalisation
Le Bureau des Affaires Graphiques

Photographies
Photographie du portrait de la couverture et de la page 6 :
© Matthieu Cellard

Photographies de l'intérieur :
© Guillaume Czerw, stylime Sophie Dupuis-Gaulier

Photographie des enfants de la page 95 :
© Kalogeropoulos / La Petite Production

Photogravure
Amalthéa

Préparation de copie et corrections
Claire Fontanieu
Delphine Kopff-Hausser

Packaging
Éditions Brigitte Éveno

Édition
Marine Schoeser

Fabrication
Thierry Dubus

Numéro d'édition : MBE20
ISBN : 9782317008405
Code MDS : 76381
Achevé d'imprimer en août 2014 par Estalla Gràficas - Espagne
Dépôt légal : septembre 2014
Édition n° 1

www.mangoeditions.com